Friedrich-Philipp Becker

Die qualitätsorientierte Vergütung im Krankenhaus

Becker, Friedrich-Philipp: Die qualitätsorientierte Vergütung im Krankenhaus, Hamburg, Bachelor + Master Publishing 2016
Originaltitel der Arbeit: Die Qualität medizinischer Leistungen im Krankenhaus bei deren Vergütung

Buch-ISBN: 978-3-95993-037-6
PDF-eBook-ISBN: 978-3-95993-537-1
Druck/Herstellung: Bachelor + Master Publishing, Hamburg, 2016
Zugl. Julius-Maximilians-Universität Würzburg, Würzburg, Deutschland, Studienarbeit, 2016

Bibliografische Information der Deutschen Nationalbibliothek:
Die Deutsche Nationalbibliothek verzeichnet diese Publikation in der Deutschen Nationalbibliografie; detaillierte bibliografische Daten sind im Internet über http://dnb.d-nb.de abrufbar.

Das Werk einschließlich aller seiner Teile ist urheberrechtlich geschützt. Jede Verwertung außerhalb der Grenzen des Urheberrechtsgesetzes ist ohne Zustimmung des Verlages unzulässig und strafbar. Dies gilt insbesondere für Vervielfältigungen, Übersetzungen, Mikroverfilmungen und die Einspeicherung und Bearbeitung in elektronischen Systemen.

Die Wiedergabe von Gebrauchsnamen, Handelsnamen, Warenbezeichnungen usw. in diesem Werk berechtigt auch ohne besondere Kennzeichnung nicht zu der Annahme, dass solche Namen im Sinne der Warenzeichen- und Markenschutz-Gesetzgebung als frei zu betrachten wären und daher von jedermann benutzt werden dürften.

Die Informationen in diesem Werk wurden mit Sorgfalt erarbeitet. Dennoch können Fehler nicht vollständig ausgeschlossen werden und die Diplomica Verlag GmbH, die Autoren oder Übersetzer übernehmen keine juristische Verantwortung oder irgendeine Haftung für evtl. verbliebene fehlerhafte Angaben und deren Folgen.

Alle Rechte vorbehalten

© Bachelor + Master Publishing, Imprint der Diplomica Verlag GmbH
Hermannstal 119k, 22119 Hamburg
http://www.bachelor-master-publishing.de, Hamburg 2016
Printed in Germany

Inhaltsverzeichnis

A. Wettbewerb als Ausgangspunkt der qualitätsorientierten Vergütung im Krankenhaus 1

    I. Das Spannungsverhältnis von Wettbewerb und Sozialstaatlichkeit 2

    II. Krankenhausfinanzierung und Fallpauschalensystem für das Krankenhauswesen 3

B. Qualitätssicherung im Krankenhaus 6

    I. Qualitätsbegriff im Krankenhaus 6

    II. Rechtsbeziehungen innerhalb der gesetzlichen Krankenversicherung 8

        1. Der Behandlungsvertrag, §§ 630a –630h BGB.. 9

        2. Krankenhausverträge 10

        3. Das Beziehungsdreieck der GKV.. 10

    III. Einführung der qualitätsorientierten Vergütung nach dem Krankenhausstrukturgesetz 12

        1. Rechtliche Grundlagen der qualitätsorientierten Vergütung............................... 13

        2. Verknüpfung von Qualität und Vergütung am Beispiel des § 137 Abs. 1 S. 2 SGB V a.F. 15

    IV. Sozialversicherungsrechtlicher Vergütungsausschluss gemäß BSG-Urteil vom 1.7.2014 17

    V. Leistungsgerechte Vergütung für stationäre Pflegedienstleistungen und der Bezug zum Krankenhaus 19

    VI. Ergebnisorientierte Vergütung im zahnärztlichen Bereich aufgrund von Garantiehaftung 22

    VII. Fazit zur qualitätsorientierten Vergütung.. 24

Bibliographie 27

A. Wettbewerb als Ausgangspunkt der qualitätsorientierten Vergütung im Krankenhaus

Im Gesundheitswesen wird gemeinhin Kostendämpfung[1] bei Qualitätssicherung[2] als oberstes Gebot des Gesetzgebers proklamiert. Dies gilt einmal mehr im Krankenhaussektor, wie die ausdifferenzierte Normfülle des SGB V, KHG und KHEntgG deutlich macht.

Regulierung wird dabei als das Instrument der Wahl zur Zielfixierung angesehen. Doch gerade aufgrund der mannigfaltigen Komplexität an Regulierungsmechanismen im Gesundheitswesen wird seit langem, allgemein als auch krankenhausspezifisch, eine umfassendere Wettbewerbsorientierung gefordert.[3] Im Rahmen der kleinen Anfrage von Abgeordneten der Opposition im Bundestag (BT-Drs. 18/6537) bzgl. der Wirkungen des Wettbewerbs in Krankenhäusern, wird der Bundesregierung die Einführung einer „qualitätsorientierten Vergütung" unter Schaffung „unterschiedlicher Preise für unterschiedliche Qualitäten stationärer Leistungen" vorgehalten.

Dem wird seitens der Bundesregierung entgegnet, dass sie wiederum im Wettbewerb um Wirtschaftlichkeit und Qualität ein wichtiges Instrument zur Weiterentwicklung der Krankenhausversorgung sehe, welches jedenfalls nicht allein durch den Preis bestimmt sein dürfe.[4]

Die Feststellungen von Opposition und Regierung, täuschen dennoch nicht über die generelle Zweifelhaftigkeit der Implementierungsmöglichkeit marktwirtschaftlicher Instrumentarien[5] in den Krankenhaus- bzw. Gesundheitssektor hinweg.

---

[1] Nach Inkrafttreten des KHG vom 29. Juni 1972 (BGBl. I S. 1009) wurden der Nachholbedarf in der Finanzierung und die Kosten der stationären Versorgung sichtbar.
[2] Eingang ins SGB V fanden Regelungen zur Qualitätssicherung im stationären Bereich erst mit dem Gesundheitsreformgesetz 1988 (§ 137 SGB V a.F.).
[3] *Cassel,* Wettbewerb in der Gesundheitsversorgung, in: KH-Report 2002, S. 3 ff.
[4] vgl. BT-Drs. 18/6736, S. 2f.
[5] wie etwa dem marktwirtschaftlichen Instrumentarium des Qualitätswettbewerbs, welcher seitens der Bundesregierung ausdrücklich gefordert ist – siehe BT-Drs. 18/6736, S. 3.

Diese erwägenswerte Inkompatibilität von marktwirtschaftlichen Elementen im Gesundheitssektor, soll im Folgenden zunächst kurz dargestellt werden. Daraufhin wird eine nähere Anschauung des Rechtsinstituts der qualitätsorientierten Vergütung vorgenommen. Es sollen insbesondere Entwicklung und Problematik des neuen Vergütungsmodells auch unter Zuhilfenahme des Vergleichs zu anderen sozialrechtlichen Regulierungssektoren, etwa der Pflege oder der Zahnmedizin in der gesetzlichen Krankenversicherung (nachfolgend GKV), aufgezeigt werden.

I. Das Spannungsverhältnis von Wettbewerb und Sozialstaatlichkeit

Fraglich ist insofern, ob sich sozialstaatliche Gesundheitsversorgung und Wettbewerb überhaupt in Einklang bringen lassen, oder doch eher konträr zueinanderstehen. Neben praktischen Auswirkungen durch Gesetze, wie etwa solchen bezüglich der qualitätsorientierten Vergütung, wird dieser Konflikt an der jeweiligen begrifflichen Zwecksetzung deutlich. So ist beispielsweise das soziale Staatsziel auf Ausgleich angelegt, wohingegen Wettbewerb, eher Differenzierung und Spannungsvertiefung bewirkt.[6] Ebenso sind die beiden Begrifflichkeiten unterschiedlichen Ursprungs. Während Sozialstaatlichkeit ein Staatsziel beschreibt, stellt Wettbewerb lediglich ein Funktionsprinzip dar.[7]

Die Frage nach der möglichen Gegensätzlichkeit von Wettbewerb und Sozialstaatlichkeit lässt sich also nur beantworten, wenn zuallererst der entsprechende Inhalt jenes sozialen Staatsziels erfasst wird, um in einem zweiten Schritt zu begreifen, ob nicht Wettbewerb ein probates Mittel zur Verwirklichung dieses Staatsziels sein kann.[8] Im Grundgesetz ist das soziale Staatsziel und das Verhältnis zum Wettbewerbsprinzip in Art. 20 Abs. 1 GG und Art. 28 Abs. 1 S. 1 GG vorgegeben und auf die Herstellung sozialer Gerechtigkeit/ Sicherheit gerichtet. Der Staat, insbesondere der Gesetzgeber, ist gehalten auf die Herstellung derartiger Verhältnisse hinzuwirken. Mit der Statuierung dieses Ziels trägt letztlich der Verfassungsgeber der Erkenntnis Rechnung, dass es nicht ausreicht, wenn

---

[6] *Musil*, Wettbewerb in der staatlichen Verwaltung, S. 403.
[7] *Musil*, Wettbewerb in der staatlichen Verwaltung, S. 403.
[8] vgl. *Musil*, Wettbewerb in der staatlichen Verwaltung, S. 403.

sich der Staat nur der Freiheitssicherung widmet, sondern dass er vielmehr auch soziale Sicherung betreiben muss. So betrachtet nimmt der Staat durch Regulierung lediglich seine ihm obliegende Gewährleistungsverantwortung für die Realisierung von Gemeinwohlzielen wahr; womit letztlich nur im Ausnahmefall Wettbewerb mit dem sozialen Staatsziel in Konflikt geraten kann - wenn nämlich konkrete normative Ableitungen möglich sind.[9]

II. Krankenhausfinanzierung und Fallpauschalensystem für das Krankenhauswesen

Vielfältige Reformbemühungen, wie etwa die der Einführung von Fallpauschalen, intendieren einen systeminternen, möglichst kostendämpfenden Krankenhauswettbewerb, der beispielsweise bei der Vergütungsstruktur zu „simulierten Marktsituationen" führen soll.[10]

Der Tatsache geschuldet, dass der Betrieb von stationären Versorgungseinrichtungen weitläufig in der Hand gemeinnütziger und privater Träger liegt, kommt dem Staat qua Gesetz eine Steuerungsaufgabe zu, mit diesen nichtstaatlichen Akteuren eine flächendeckende Versorgungsinfrastruktur sicherzustellen und Versorgungszielsetzungen zu realisieren.[11]

Dabei sehen die den stationären Krankenhaussektor betreffenden Gesetze regelmäßig eine ausdrückliche Sicherstellungs- oder Gewährleistungsverantwortung für die Vorhaltung der stationären Infrastruktur vor. Dies kennzeichnet aus wirtschaftlicher Sichtweise nicht zuletzt auch das Krankenhausfinanzierungsgesetz[12], welches auf dem 1969 eingeführten Art. 74 Abs. 1 Nr. 19a GG fußt.[13] Ausgehend von dieser staatlichen Sicherstellungsverantwortung gilt das Krankenhausvergütungsrecht seit jeher als eine Materie, die bundesrechtlich äußerst eingehend ausgestaltet ist und sich damit „am

---

[9] *Musil*, Wettbewerb in der staatlichen Verwaltung, S. 404; vgl. *Fehling* in: Die Zukunft des öffentlichen Sektors, S. 100.
[10] ähnlich *Hense* in: Regulierungsrecht, § 16, Rn. 11.
[11] vgl. *Hense* in: Regulierungsrecht, § 16, Rn. 63.
[12] siehe § 1 Abs. 1 KHG.
[13] *Hänlein* in: LPK-SGB V, Vor §§ 107-114, Rn. 2.

äußersten Rand der Verrechtlichungsskala" befindet.[14] Auch kann wegen seiner Komplexität und grundsätzlich politisierten Natur, ein hohes Maß „innerer Zerrissenheit" unterstellt werden.[15] Dazu trug auch die verbindliche Einführung von diagnoseorientierten Fallpauschalen (DRGs) im Jahr 2004[16] bei, welche einen kostendämpfenden Systemwechsel der Vergütung für Krankenhausdienstleistungen etablierte.[17] Hauptziel ist der Übergang von einem vergütungsrechtlichen Mischsystem aus verschiedenen Entgeltformen, hin zu einer leistungsbezogenen und pauschalierten Vergütungsstruktur, die sowohl medizinische als auch ökonomische Aspekte berücksichtigen will.[18] Die Vergütung für voll- und teilstationäre Krankenhausdienstleistungen werden nunmehr auf Behandlungsfälle bezogen, wie § 17b Abs. 1 S. 3 KHG und § 8 Abs. 2 S. 1 KHEntgG zeigen. Von anderen Kriterien, wie den bis dahin üblichen Bettenbelegungstagen oder tagesgleichen Pflegesätzen, wurde sich zum Zwecke der weiteren Kostenreduzierung losgelöst. Das System beruht darauf, dass jedem stationären Behandlungsfall eine Fallgruppe (DRG) zugeordnet wird. Es handelt sich um ein ärztlich-ökonomisches Patientenklassifikationssystems, das Behandlungsfälle in Krankenhäusern in eine beschränkte Anzahl klinisch definierter Gruppen mit möglichst ähnlichen Behandlungskosten einteilt.[19]

Während die Etablierung des Fallpauschalensystems anfangs als eines der größten Realexperimente der Finanzierungsgeschichte von Krankenhäusern bezeichnet wurde,[20] lässt sich die fortwährende „Verpreislichungstendenz" der Krankenhausbehandlungen als das Produkt einer zentral dirigierten „Preisadministration"[21] deklarieren. So wird letztlich

---

[14] vgl. *Hense* in: Regulierungsrecht, § 16, Rn. 92.
[15] ähnlich *Hense* in: Regulierungsrecht, § 16, Rn. 86f.
[16] mit dem Fallpauschalengesetz vom 23. April 2002 und dem Fallpauschalenänderungsgesetz vom 17. Juli 2003 wurden die Einführungsbedingungen für das Vergütungssystem konkretisiert.
[17] vgl. *Neubauer,* Zur Zukunft der dualen Finanzierung unter Wettbewerbsbedingungen, in: KH-Report 2002, S. 84; in diese Richtung auch *Wasem/Walendzik/Rotter* in: Krankenhausrecht, § 1, Rn. 42.
[18] zur Entwicklung des Fallpauschalensystems siehe *Schönig*, Qualitätssicherung im stationären Sektor, S. 45 ff.
[19] *Schwintowski* in: Krankenhausmärkte, S. 162.
[20] vgl. *Sell,* DRG-Finanzierung und Krankenhausbedarfsplanung, Zeitschrift für Sozialreform (ZSR) 48, S. 164,186.
[21] *Quaas,* Aktuelle Fragen des Krankenhausrechts, MedR 2002, 275.

der Handlungsspielraum des einzelnen Krankenhauses im System der GKV durch eine immense Fülle an gesetzlichen Vorgaben dominiert. Bestimmender Faktor ist, dass auf Krankenhausmärkten eben kein der Wirtschaft entsprechender Preis- oder Qualitätswettbewerb existiert. Anstelle des Preiswettbewerbs besteht ein Fallpauschalensystem (DRG) und an die Stelle des Qualitätswettbewerbs tritt ein System der regulierungsimmanenten Qualitätssicherung.[22]

---

[22] *Schwintowski* in: Krankenhausmärkte, S. 107.

B. Qualitätssicherung im Krankenhaus

Mit dem Gesundheitsreformgesetz 1988 finden erstmals Regelungen der Qualitätssicherung ausdrücklich Eingang in das Sozialversicherungsrecht, welche seitdem stetig ausgebaut wurden.[23]

Die bloße Vorgabe, dass sich Krankenhäuser an Maßnahmen der Qualitätssicherung zu beteiligen haben, ist im Laufe der Zeit zu einem eigenständigen Qualitätssicherungsregime ausgebaut worden, die die Einrichtungen zur Teilnahme an externen Qualitätssicherungsmaßnahmen ebenso verpflichtet wie zum Auf- und Ausbau eines internen Qualitätsmanagements.[24] In diesem Zusammenhang gelten Einrichtungen wie die Richtlinienkompetenz für Qualitätssicherung des Gemeinsamen Bundesausschusses (§ 92 Abs. 1 Nr. 13 SGB V) als besonders wirkungsvolles Instrument, die Qualitätssicherung fortzuentwickeln und die gesetzlichen Vorgaben zu präzisieren. So wurden Qualitätsfragen in der stationären Gesundheitsversorgung im SGB V ein ganzer Abschnitt gewidmet. Nach § 135a Abs. 1 SGB V ist das zugelassene Krankenhaus, wie alle Leistungserbringer, zur Sicherung und Weiterentwicklung der Qualität der zu erbringenden Leistung verpflichtet.[25] Die Leistungen müssen dabei dem jeweiligen „Stand der wissenschaftlichen Erkenntnisse" entsprechen und in der fachlich gebotenen „Qualität" erbracht werden.

I. Qualitätsbegriff im Krankenhaus

Der Gesetzgeber verwendet im SGB V vielfach derartig wertausfüllungsbedürftige, unbestimmte Rechtsbegriffe, wie eben den der fachlich gebotenen „Qualität" i.S.d. § 135a Abs. 1 SGB V.

Bei solch unbestimmten Rechtsbegriffen wie der „Qualität" ist letztlich eine Konkretisierung erforderlich, um wiederum Abwägungsprozesse herbeizuführen, in denen

---

[23] zur Entwicklung ausführlich *Hellemann*, Qualität in der stationären Versorgung, S. 15, 17 ff.
[24] *Hense* in: Regulierungsrecht, § 16, Rn. 128.
[25] umfangreich hierzu *Schwintowski* in: Krankenhausmärkte, S. 129.

die gegenseitigen Interessen und Belange der Krankenkassen und der Leistungserbringer ständig einer Sachgerechtigkeitskontrolle unterworfen werden.[26] Mangels Legaldefinition ist also von der fachlich gebotenen „Qualität" im Krankenhaus dann auszugehen, wenn das nach dem gegenwärtigen Stand der medizinwissenschaftlichen und technischen Erkenntnisse mögliche Behandlungsziel erreicht worden ist und das erreichte Behandlungsziel den Erwartungen des Patienten auf Heilung, Besserung oder Linderung entspricht.[27] Wie bereits kurz skizziert, besteht für alle Leistungserbringer im öffentlich-rechtlichen Gesundheitssystem die Verpflichtung zur Sicherung und Weiterentwicklung der Qualität der von ihnen erbrachten Leistungen. Zwar ist damit nicht die Einführung eines umfassenden Qualitätswettbewerbs im Krankenhaussektor mit allen einhergehenden wirtschaftlichen und wettbewerblichen Vor- und Nachteilen gemeint, doch obliegt mithin den Krankenhäusern die öffentlich-rechtlich begründete Pflicht, alle Leistungen dem Stand der wissenschaftlichen Erkenntnisse und der fachlich gebotenen Qualität anzupassen.[28] Dabei spielt die Erkenntnis des Gesetzgebers, dass es im öffentlich-rechtlichen Gesundheitssystem besonderer Regeln zur Qualitätssicherung bedarf, eine entscheidende Rolle. Zwar käme auch dieser wohl nicht auf die Idee, die Finanzierung der Feuerwehr nach der Anzahl und dem Schweregrad der Brände vornehmen zu wollen. Doch eben diesem Beispiel ist der Gesetzgeber mit der Mindestmengenregelung gem. § 136b Abs. 1 Nr. 2 SGB V gefolgt. So ist etwa die Sicherung der fachlichen Qualität im Krankenhausbereich nach § 136b Abs. 1 Nr. 2 eben jener Mindestmengenregelung unterworfen. Diese Regelung schreibt vor, dass für die ärztliche Leistungsqualität im Krankenhaus eine Mindestmenge von Behandlungen erforderlich ist. Hintergrund ist hierbei zum einen die betriebswirtschaftliche Amortisierung des eingesetztes Equipments und zum anderen auch die aus der Menge der Behandlungen gewonnene Erfahrung für die ärztliche Qualität einzusetzen.[29]

---

[26] vgl. *Schwintowski* in: Krankenhausmärkte, S. 144.
[27] *Schönig*, Instrumente der Qualitätssicherung, S. 27 m.w.N.
[28] vgl. *Klaue* in: Krankenhausmärkte, S. 22.
[29] zu § 137 Abs. 1 Satz 3 Nr. 3 SGB V a.F. siehe *Klaue* in: Krankenhausmärkte, S. 22.

II. Rechtsbeziehungen innerhalb der gesetzlichen Krankenversicherung

Zur besseren Einordbarkeit des Rechtsinstituts der qualitätsorientierten Vergütung, soll eingangs die den GKV-Krankenhaussektor innewohnenden vertraglichen Rechtsbeziehungen überblickshalber dargestellt werden:

Bereits mit früheren höchstrichterlichen Entscheidungen des BSG[30] und des BGH[31] wurde geklärt, dass das Behandlungsverhältnis zwischen Krankenhaus und Kassenpatient zivilrechtlicher Natur ist, während die Kostenseite der stationären Krankenpflege als öffentlich-rechtlich qualifiziert wird.[32] Dem hat sich der Gesetzgeber insofern angeschlossen, indem mit der Neufassung des § 69 SGB V durch Art 1 Nr. 26 des Gesetzes zur Reform der gesetzlichen Krankenversicherung vom 22.12.1999 (BGBl. I S. 2626), die Rechtsbeziehungen der Krankenkassen zu den Leistungserbringern generell ab dem 1.1.2000 ausschließlich dem öffentlichem Recht zugeordnet werden.[33]

Dabei ist § 69 SGB V uneingeschränkt und umfassend auf die Rechtsbeziehungen der Krankenkassen zu den Leistungserbringern anwendbar. Die Vorschrift gilt sowohl für die Begründung als auch die inhaltliche Ausgestaltung der Rechtsbeziehungen zwischen den Krankenkassen und den Leistungserbringern.[34] Der maßgebliche Regelungsgehalt des § 69 Abs. 1 SGB V ist, dass die Rechtsbeziehungen der Krankenkassen zu den Leistungserbringern im Vierten Kapitel des SGB V und in den einzeln aufgeführten Normen „abschließend" öffentlich-rechtlich geregelt sind.[35] Zu dieser abschließenden Regelung zählen gem. § 69 Abs. 1 S. 2 SGB V explizit auch die Rechtsbeziehungen der Krankenkassen zu den Krankenhäusern i.S.d. Abs. 1. Lediglich unter restriktiver Anwendung finden auch BGB-Vorschriften Einzug in diesen öffentlich-rechtlichen Regulierungssektor.

---

[30] BSG, 14.01.1981, Az. 3 RK 27/80 = BSGE 51, 108.
[31] BGH, 10.01.1984, Az. VI ZR 297/81 = NJW 1984, 1820.
[32] vgl. *Lenz*, Zur Rechtsnatur der Rechtsbeziehungen zwischen Krankenhäusern und gesetzlichen Krankenkassen, NJW 1985, 651, 654.
[33] siehe auch BSG, 06.09.2007, Az. B 3 KR 20/06 R.
[34] *Krasney* in: Gesamtes Medizinrecht, SGB V, § 69, Rn. 8.
[35] *Schuler* in: LPK-SGB V, § 69, Rn. 3.

Zum einen sind die Vorschriften des BGB nur dann in Analogie heranzuziehen, wenn sich aus den übrigen Vorschriften des gesamten SGB nichts Abweichendes ergibt. Zum anderen muss die Regelung im BGB mit den Vorgaben des § 70 und den übrigen Aufgaben und Pflichten zwischen den Krankenkassen und den Leistungserbringern vereinbar sein.[36]

Vor diesem Hintergrund bestehen bislang nur wenige, höchstrichterlich anerkannte Ausnahmefälle.[37]

1. Der Behandlungsvertrag, §§ 630a –630h BGB

Das Privatrechtsverhältnis zwischen Behandelndem und Patient ist in den §§ 630a bis 630h BGB kodifiziert und enthält die Rechte und Pflichten aus dem grundsätzlich formfreien Behandlungsvertrag sowie die in Haftungsfällen wichtigen Beweislastfragen. Richtschnur ist das bisherige Recht und die dazu ergangene Rechtsprechung.[38]

Behandelnder ist in diesem Zusammenhang derjenige, der die medizinische Behandlung zusagt. Bezüglich des Krankenhausvertrages gilt nach allgemeinem Wortverständnis regelmäßig der Arzt als Behandelnder, der aber nicht zugleich Vertragspartner sein muss. Die vielfältigen Fragen des Krankenhausvertrags werden in den §§ 630a ff. BGB nicht näher geregelt.[39] Diese dienstvertragliche Klassifizierung des Behandlungsvertrages, in Abgrenzung zum erfolgsorientierten Werkvertrag (§§ 631 ff. BGB), hat ihre Grundlage in der Erwägung, dass der menschliche Organismus in seinen Reaktionen auf äußere Einwirkungen, und somit auch auf ärztliche Eingriffe, nicht vollständig beherrschbar ist, so dass bei verständiger Würdigung der wechselseitigen Interessen der Behandlungserfolg nicht als geschuldet angesehen werden kann.[40] Die dienstvertraglich geprägten

---

[36] *Krasney* in: Gesamtes Medizinrecht, SGB V, § 69, Rn. 25.
[37] BSG, 13.11.2012, B 1 KR 10/12 R (juris Rn. 14) zu §§ 116 ff. BGB; BSG, 6.9.2007, Az. B 3 KR 20/06 R zu §§ 145 ff., §§ 164 ff. und 182 ff. BGB.
[38] *Katzenmeier*, Der Behandlungsvertrag – Neuer Vertragstypus im BGB, NJW 2013, 817 f.
[39] *Katzenmeier*, Der Behandlungsvertrag – Neuer Vertragstypus im BGB, NJW 2013, 818.
[40] Bergmann/Middendorf in: Gesamtes Medizinrecht, BGB, § 630a, Rn. 2.

Grundsätze des Behandlungsvertrages gelten auch für medizinisch nicht indizierte erfolgsorientierte Behandlungen, also namentlich für ästhetisch-chirurgische Eingriffe.[41] Denn auch bei einem ästhetisch-chirurgischen Eingriff verspricht der Behandelnde bei verständiger Würdigung nur das fachgerechte Vorgehen, nicht jedoch einen bestimmten Erfolg.[42] Erst aus der Gesetzesbegründung des PatRG zum § 630a BGB ergibt sich, dass weiterhin Werkvertragsrecht anwendbar ist, soweit die Parteien einen Behandlungs- oder sonstigen medizinischen Erfolg vereinbaren, etwa rein technische Leistungen wie die Anfertigung von Prothesen.[43]

2. Krankenhausverträge

Der Krankenhausvertrag ist hingegen ein aus miet-, dienst- und werkvertraglichen Elementen zusammengesetzter, gemischter Vertrag mit dem Akzent auf der medizinischen Behandlung.

So kommt im Falle der Behandlung von Kassenpatienten typischerweise ein sog. totaler Krankenhausaufnahmevertrag zustande, wodurch der Krankenhausträger zu allen für die stationäre Behandlung erforderlichen Leistungen verpflichtet wird und zugleich der alleinige Vertragspartner des Patienten ist.[44]

3. Das Beziehungsdreieck der GKV

Wie aufgezeigt, ist das Recht der gesetzlichen Krankenversicherung grundsätzlich durch ein „Beziehungsdreieck" gekennzeichnet und so ist das soeben beschriebene Privatrechtsverhältnis zwischen Leistungsempfänger und Leistungserbringer (etwa der Behandlungs- bzw. Krankenhausvertrag) durch zwei öffentlich-rechtliche Rechts-

---

[41] Rechtsprechung hierzu OLG Köln, GesR 2003, 85; OLG Koblenz, VersR 2008, 492.
[42] Bergmann/Middendorf in: Gesamtes Medizinrecht, § 630a, Rn. 11.
[43] BT-Drs. 17/10488, S. 17.
[44] *Spickhoff* in: Medizinrecht, BGB, § 630a, Rn. 25 f.

verhältnisse, das Mitgliedschaftsverhältnis und das Leistungserbringungsverhältnis, überlagert bzw. mitgestaltet.[45]

Trotz der funktionalen Unterscheidung sind Mitgliedschafts- und Leistungserbringungsverhältnis eng aufeinander bezogen. Denn die Krankenkassen erfüllen ihre Leistungspflicht grundsätzlich nicht durch Eigeneinrichtungen (§ 140), sondern durch den Abschluss von Verträgen mit Leistungserbringern (§ 2 Abs. 2 S. 3).[46] Die Rechtsbeziehungen zwischen Krankenkassen und Leistungserbringern sind Bestandteil des den Krankenkassen obliegenden öffentlich-rechtlichen Versorgungsauftrages. Somit sind auch Leistungsbeschaffungsverträge der Krankenkassen mit den Leistungserbringern als öffentlich-rechtliche Verträge zu qualifizieren.[47]

Dabei werden durch die Leistungsbeschaffungsverträge die Qualität und die Vergütungssätze der Leistung determiniert. Es handelt sich hierbei um eine abstrakte Vereinbarung, welche losgelöst in einer Leistungserbringung besteht und sich konkretisiert, sobald ein Bedürftiger die Dienste eines Leistungserbringers in Anspruch nimmt.

Konkret hat dies zur Folge, dass mit der Behandlung des GKV-Versicherten im Krankenhaus ein Vergütungsanspruch des Krankenhauses gegenüber der Krankenkasse entsteht. Der Anspruch des GKV-Versicherten gegen seine Krankenkasse auf Gewährung von Krankenhausbehandlung wandelt sich also in einen Vergütungsanspruch des Krankenhauses gegen die Krankenkasse um.[48] Dabei ist das Abrechnungsverhältnis zwischen Krankenkassen und Krankenhausträgern öffentlich-rechtlicher Natur.[49]

---

[45] *Becker/Kingreen* in: SGB V Kommentar, § 69, Rn. 4 f.
[46] *Krasney* in: Gesamtes Medizinrecht, SGB V, § 69, Rn. 7.
[47] BSG, 25.9.2001, NJW-RR 2002, 1694.
[48] *Schrinner* in: Krankenhausrecht, § 6, Rn. 32.
[49] *Hänlein* in: LPK-SGB V, Vor §§ 107-114, Rn. 12.

III. Einführung der qualitätsorientierten Vergütung nach dem Krankenhausstrukturgesetz

Durch die mit dem Krankenhausstrukturgesetz (KHSG) zum 01. Januar 2016 eingeführte qualitätsorientierte Vergütung[50], erfolgt die Abkehr einer Vergütung, die sich an einem reinen Leistungsversprechen orientiert, hin zu einer Honorierung basierend auf tatsächlich erzielten Behandlungsergebnissen. Abgesehen vom Nichtvorhandensein einer allgemein anerkannten Definition, kann diese Form der Verknüpfung von Qualität medizinischer Leistung mit der Höhe der Vergütung, als Pay-for-Performance bezeichnet werden.[51] Unter der Annahme, dass qualitativ hochwertige Versorgung langfristig günstiger ist als schlechte Versorgung, sind u.a. „erhebliche Einsparpotentiale" erklärtes Ziel der Reform.[52] Was auf den ersten Blick bestechend erscheint, erweist sich bei näherer Betrachtung jedoch als äußerst komplexe Herausforderung, die auch erhebliche Risiken birgt. Denn abgesehen von der Akzeptanz staatlicher Eingriffe, wie denen des Preisdiktats oder der Wirtschaftlichkeitsprüfungen, wird mit der neuerlichen Steigerungsform der qualitätsorientierten Vergütung, dem Krankenhaus quasi eine bis an die Grenze des Privatrechts reichende Verpflichtung auferlegt. So ist zwar das Vergütungsverhältnis von Krankenhaus zu Krankenkasse grundsätzlich öffentlich-rechtlicher Natur, doch die auf § 136b Abs. 1 Nr. 4 mit Abs. 9 SGB V basierenden Neuregelungen wirken sich faktisch auch auf das privatrechtliche Behandlungsverhältnis von Patient und Krankenhaus aus. Diese Auswirkung soll nachstehend im Einzelnen, aufgrund der durch das KHSG getätigten Änderungen und Ergänzungen, in Augenschein genommen werden.

---

[50] gem. § 136b Abs. 1 Nr. 4 mit Abs. 9 SGB V.
[51] zur Thematik des Pay-for-Performance Modells *Lüngen/Gerber/Lauterbach,* Pay for Performance: Neue Impulse für den Wettbewerb zwischen Krankenhäusern?, in: KH-Report 2007, S. 157 ff.
[52] BT-Drs. 18/5372, S. 4 f.

1. Rechtliche Grundlagen der qualitätsorientierten Vergütung

Trotz der international eher ernüchternden Datenlage[53] zur Qualitätsverbesserung durch finanzielle Anreize und der grundsätzlichen Problematik der verlässlichen Nutzung von Qualitätsmessinstrumenten, hat der Gesetzgeber die qualitätsorientierte Vergütung i.R.d. KHSG forciert. Die Regelung bzgl. der Vergütungsabschläge für qualitativ mangelhafte Leistung im Krankenhaus, ist allerdings nicht völlig neu.

So kam schon vor Inkrafttreten des KHSG zum 01. Januar 2016 dem Gemeinsamen Bundesausschuss (G-BA) gem. § 137 Abs. 1 S. 2 SGB V a.F.[54] die Befugnis zu, Vergütungsabschläge für Leistungserbringer festzulegen, die ihre Verpflichtungen zur Qualitätssicherung nicht einhalten.[55]

Die neuerliche Koppelung der Bezahlung an kurzfristige und einfach messbare Ergebnisdaten birgt zumindest die nicht gänzlich fernliegende Gefahr einer Fehlsteuerung. Die Finanzierung und Behandlung im Krankenhaus hat sich immer entsprechend der *bestmöglichen* und ganzheitlichen Qualität zu orientieren. Hier gilt es entsprechende Anreize zu setzen, die auch in Richtung sektorenübergreifender Behandlung weisen. Qualitätsabschläge, statt bestmöglicher Qualität passen nicht in ein solches System. Schlechte Patientenversorgung und Fehlbehandlungen müssen nötigenfalls konsequent durch die Nichtberücksichtigung im Krankenhausplan vermieden werden und nicht lediglich zu einer Preisabstufung führen.

Die gehäufte Inkaufnahme von Krankenhäusern, die Vergütungsabschlägen unterliegen, könnte zugespitzt nur als 'Bankrotterklärung' an die staatliche Gewährleistungsverantwortung i.S.d. Art. 20 Abs. 1 GG verstanden werden. Diese verfassungsrechtliche Gewährleistungsverantwortung steht daher auf dem Spiel, wenn mit der Vorstellung einer

---

[53] zur Problematik *Rajaram* et al., Hospital Characteristics Associated With Penalties in the Centers for Medicare & Medicaid Services Hospital-Acquired Condition Reduction Program, JAMA. 2015; 314(4): 375-383.
[54] Rechtsstand des § 137 Abs. 1 S. 2 SGB V vom 01.07.2008 bis 01.01.2015.
[55] (in Form des Erlasses „notwendiger Durchführungsbestimmungen und Grundsätze für Konsequenzen").

(qualitativ) angemessenen Krankheitsbehandlung dieses Sicherungsversprechen nicht eingehalten werden kann.[56]

Aufbauend und bezugnehmend auf die Regelung des § 136b Abs. 1 S. 1 Nr. 5 und Abs. 9 SGB V konkretisieren zudem § 17b Abs. 1a S. 1 Nr. 3 KHG und § 9 Abs. 1a Nr. 4 KHEntgG die Ausgestaltung der qualitätsorientierten Vergütung. Auch diese Form der Konkretisierung findet sich in keinem anderen Bereich des deutschen Gesundheitswesens. Vor diesem Hintergrund muss insbesondere klargestellt sein, dass medizinische Leistungen im Allgemeinen nicht Gegenstand von Werkverträgen sind und aus bereits ausgeführten Gründen auch nicht sein können.[57]

Infolge der Neuregelungen durch das KHSG wird aber gerade die Diskrepanz zwischen Behandlungs- und Werkvertrag aufgeweicht. Die Neuregelungen bzgl. des öffentlichrechtlichen Vergütungsverhältnisses von Krankenhauses zur Krankenkasse werden zweifelsohne mittelbare Auswirkungen auf das privatrechtliche Behandlungsverhältnis von Krankenhaus zu Patient haben.

Es wird dem Krankenhaus als Leistungserbinger eine faktische Behandlungserfolgsgarantie oktroyiert und über den öffentlich-rechtlichen Umweg des Abrechnungsverhältnisses eine werkvertragliche Annäherung geschaffen. Dieser gesetzgeberische Schritt kann aus praktischer Sicht zu einem wesentlichen Negativauswuchs führen, sofern Krankenhäuser verstärkt nur Patienten mit günstiger Risikokonstellation behandeln und damit eine Risikoselektion der Patienten anstellen. Auf diese Weise wäre auch bei tatsächlich nur mittelmäßig erbrachter Leistung möglicherweise sogar ein vergütungsrelevanter Qualitätszuschlag zu erwirtschaften.

Der 'Demografie-Einwand'[58], dass folglich die Ermöglichung von Qualitätszu- und abschlägen auch dazu führen könne, Qualitätssteigerungen bei der Behandlung

---

[56] *Wallrabenstein*, Versicherung im Sozialstaat, S. 398, 407.
[57] (hierfür spricht in erster Linie die allgemein anerkannte Qualifizierung des Behandlungsvertrages gem. § 630a BGB als speziellen Fall des Dienstvertrages und der damit verbundenen Pflicht des Leistungserbringers zum fachgerechten Vorgehen.)
[58] BT-Drs. 18/5372, S. 53.

komplexer altersbedingter Erkrankungen anzukurbeln, trägt jedoch ebenso wenig zur Entkräftung der rechtlichen Zweifelhaftigkeit bei, wie die Beteuerung[59], dass vereinbarte Qualitätszu- oder abschläge nicht auf alle Fälle eines Krankenhauses anzuwenden seien.

2. Verknüpfung von Qualität und Vergütung am Beispiel des § 137 Abs. 1 S. 2 SGB V a.F.[60]

Wie zuvor bereits angeklungen, ist staatliche Vergütungsregulierung in Gestalt von monetären Abschlägen für qualitativ mangelhafte Leistung im Krankenhaus kein sonderlich innovatives Konstrukt. Während erstmals allgemeine ärztliche Qualitätssicherungsregelungen mit dem Gesundheitsreformgesetz 1988 Einzug in das SGB V fanden,[61] wurde dem G-BA aufgrund des GKV-Wettbewerbsstärkungsgesetz (GKV-WSG) zum 01.07.2008 gem. § 137 Abs. 1 S. 2 SGB V a.f. die Aufgabe zuteil, Vergütungsabschläge für Qualitätssicherungspflichten nicht nachkommender Leistungserbringer festzulegen. Hierzu erließ der G-BA auf der Grundlage des § 137 Abs. 1 S. 1 Nr. 2 SGB V a.F. eine Reihe von speziellen Qualitätssicherungsrichtlinien[62]. Dabei wurde klargestellt, dass die fraglichen Leistungen nur dann im Einklang mit der Richtlinie erbracht werden, wenn die Krankenhäuser die normierten Anforderungen erfüllen.[63] Doch im Kontext mit den in den meisten Richtlinien geregelten Nachweisverfahren wird deutlich, dass kein zwingendes Leistungsverbot besteht, wenn einzelne Qualitätsanforderungen nicht erfüllt werden. Im Übrigen werden in den Richtlinien auch keine vergütungsrechtlichen Konsequenzen für den Fall geregelt, dass einzelne Anforderungen im Zeitraum der Leistungserbringung nicht erfüllt werden.

---

[59] hierzu BT-Drs. 18/5372, S. 69.
[60] Rechtsstand des § 137 Abs. 1 S. 2 SGB V vom 01.07.2008 bis 01.01.2015.
[61] ausführlich zur historischen Entwicklung *Hellemann*, Qualität in der stationären Versorgung, S. 7, 15.
[62] Die diversen Richtlinien werden alle auf der Website des G-BA zugänglich gemacht und sind dort in der Rubrik „Richtlinien" unter „Richtlinien des Unterausschusses Qualitätssicherung" dokumentiert.
[63] vgl. § 2 QFR-RL, § 3 Abs. 1 QBAA-RL, § 3 Vb-PET-NSCLC, § 3 Abs. 1 KiHe-RL, § 3 Abs. 1 KiOn-RL.

Ein im Juli 2014 ergangenes Urteil[64] des Bundessozialgerichts (BSG) bot jedoch Anlass der Frage nachzugehen, ob bzw. wie es sich auf den *Entgeltanspruch* des Krankenhausträgers für die einzelne Leistung auswirkt, wenn bei der Leistungserbringung bundesrechtliche *Qualitätsanforderungen nicht eingehalten* werden.[65] Unterscheidungsbedürftig im Kontext dieser Rechtsprechung erscheinen insbesondere drei Fallgestaltungen:

Als gravierendste Form kann sich zum einen die Nichteinhaltung von Qualitätsanforderungen in der einzelnen Leistung niederschlagen und so eine Gesundheitsbeeinträchtigung beim Patienten bewirken. Zum anderen kann aber auch eine den Qualitätsanforderungen verletzende Leistung dennoch zum gewünschten Behandlungserfolg führen. Als dritte mögliche Variante kann die Nichteinhaltung der konkreten Qualitätsanforderung für die Güte der betrachteten Leistung ohne jedwede Konsequenz sein, weil etwa die Verhaltensanforderung im konkreten Fall nicht zu beachten war. So führt letztlich die Frage, ob eine Behandlungsleistung von minderer Qualität Konsequenzen für den *Entgeltanspruch* hat, zu schwierigen dogmatischen Abgrenzungen. Die Schwierigkeit liegt in erster Linie darin begründet, dass sich sozialversicherungsrechtlich und zivilrechtlich zu beurteilende Rechtsverhältnisse überschneiden und die Einheit der Rechtsordnung eine rein zivil- oder sozialversicherungsrechtliche Beantwortung bzgl. entgeltrechtlicher Konsequenzen einer Leistung minderer Qualität verbietet.[66]

Gesetzlich Versicherte haben gem. § 39 Abs. 1 S. 2 SGB V einen Anspruch auf vollstationäre Behandlung in einem zugelassenen Krankenhaus, wenn diese aus medizinischen Gründen erforderlich ist.[67] Was die Behandlung selbst anbelangt, besteht aufgrund der dienstvertraglichen Ausgestaltung des Behandlungsvertrages gem. § 630a BGB gerade kein verschuldensunabhängiges Gewährleistungsrecht, welches dem

---

[64] BSG, 1.7.2014, Az. B 1 KR 15/13 R.
[65] ausführlich *Kuhla*, Qualität der stationären Behandlung und Vergütung, NZS 2015, 561 ff.
[66] *Kuhla*, Qualität der stationären Behandlung und Vergütung, NZS 2015, 561, 564.
[67] zur medizinischen Notwendigkeit BSG, NJW 2008, 1980.

Dienstberechtigten erlaubte, wegen einer Schlechtleistung die Vergütung zu mindern.[68] Der Anspruch auf Vergütung ist allenfalls dann nicht durchsetzbar, wenn die erbrachten Dienste infolge einer vom Dienstverpflichteten zu vertretenden Schlechtleistung für den Dienstberechtigten ohne Interesse sind. Dann besteht ein Schadensersatzanspruch gem. § 280 Abs. 1 BGB, der im Zuge der Naturalrestitution gem. § 249 Abs. 1 BGB auf Befreiung von der Vergütungspflicht gerichtet ist. Allerdings sind derartige Fälle bei Krankenhausbehandlungen gewöhnlich nicht gegeben, womit aus zivilrechtlicher Sicht eine Behandlungsleistung minderer Qualität in der Regel[69] nicht den primärrechtlichen Entgeltanspruch des Krankenhauses berührt.

IV. Sozialversicherungsrechtlicher Vergütungsausschluss gemäß BSG-Urteil vom 1.7.2014

Davor stellt sich die Frage, welche entgeltrelevanten Folgen von Qualitätsverstößen sich aus sozialversicherungsrechtlichen Regelungen zur Qualitätssicherung ergeben und ob die Rechtsfolgen widerspruchsfrei mit den skizzierten privatrechtlichen Regelungsprinzipien zu vereinbaren sind. So vertrat das BSG in seiner Entscheidung aus dem Jahr 2014 die Auffassung, dass ein Krankenhaus, welches unter Verstoß gegen eine zwingende Qualitätsrichtlinie des G-BA (hier § 3 QBAA-RL) die fragliche Behandlungsleistung erbringt, von vornherein keinen Entgeltanspruch hat.[70] Seitens des BSG wurde grundlegend angeführt, dass eine nach zwingenden normativen Vorgaben (QBAA-RL) ungeeignete Versorgung von Versicherten im Rechtssinne nicht „erforderlich" sei. Versicherte hätten aufgrund des Qualitätsgebots gem. § 2 Abs. 1 S. 3 SGB V und des Wirtschaftlichkeitsgebots gem. § 12 Abs. 1 SGB V keinen Anspruch auf ungeeignete Leistungen. Krankenhäuser seien daher weder befugt eine ungeeignete Behandlung durchzuführen, noch berechtigt für eine solche Behandlung überhaupt eine

---

[68] BGH, 15.7.2004, Az. IX ZR 256/03 (juris Rn. 7); *Bielitz*, Vollständiger Vergütungsausschluss für Krankenhäuser bei Nicht-Einhaltung von Qualitätsvorgaben?, NZS 2015, 608.
[69] sofern nicht die Darlegungs- und Beweiserleichterungen gem. § 630h BGB zu Gunsten des Patienten im Arzthaftungsprozess greifen.
[70] BSG, 1.7.2014, Az. B 1 KR 15/13 R (juris Rn. 11, 21).

Vergütung zu verlangen.[71] Der G-BA könne aufgrund der ihm vom Bundesgesetzgeber verliehenen Regelungsmacht solche normativen Vorgaben setzen. § 137 Abs. 1 S. 1 i. V. m. S. 2 SGB V a.F. räume dem G-BA aus Gründen des Patientenschutzes die Möglichkeit ein, zugelassene Krankenhäuser von der Versorgung sämtlicher Patienten auszuschließen. Voraussetzung für einen solchen Ausschluss wäre die Nichterfüllung von als „unverzichtbar" eingestuften Qualitätssicherungsanforderungen seitens des G-BA.[72] In einem solchen Fall dürfe der G-BA als Rechtsfolge auch den vollständigen Vergütungsausschluss regeln.[73] Ein diesbezügliches Vorgehen begründet das BSG mit dem Verweis auf § 137 Abs. 1 S. 2 SGB V a.F., wonach Vergütungsabschläge nur noch beispielhaft erwähnt werden. Dafür spreche die grammatische Auslegung bzw. das in § 137 Abs. 1 S. 2 SGB V a.F. enthaltene Wort „insbesondere".[74] Darüber hinaus wird seitens des BSG § 8 Abs. 4 KHEntgG herangezogen, wonach Entgeltabschläge des Krankenhauses bei Nichteinhaltung seiner Qualitätssicherungsverpflichtungen nur darauf beruhen, dass der Gesetzgeber die entgeltrechtliche Regelung nicht an die erweiterten Sanktionsmöglichkeiten des G-BA angepasst habe und daher ein Redaktionsfehler vorläge.[75]

Diese im Jahr 2014 durchaus als 'vorausschießend' bezeichnungsfähige Auffassung des BSG, konnte genauso als Beitrag der richterlichen Rechtsfortbildung zu einer greifbaren Gesetzesnovelle verstanden werden. Wie bekannt, folgte die Antwort des Gesetzgebers unlängst mit dem KHSG und dem klar formulierten Auftrag an den G-BA bezüglich der Ausgestaltung der qualitätsorientierten Vergütung. Doch schon die dargelegte Entscheidung des BSG begegnet in diesem Zusammenhang eine Reihe an nicht von der Hand zu weisender grundsätzlicher Bedenken, welche sich auch nach Inkrafttreten des KHSG nicht in Gänze erledigen und damit der weiteren Klärung bedürfen. Die vom BSG[76]

---

[71] BSG, 1.7.2014, Az. B 1 KR 15/13 R (juris Rn. 11); Vergütungsausschluss wegen einer nicht im Rechtssinne als "erforderlich" bewerteten Leistung BSG, 27.11.2014, Az. B 3 KR 1/13 R (juris Rn. 10) und BSG, 14.10.2014, Az. B 1 KR 33/13 R (juris Rn. 14).
[72] BSG, 1.7.2014, Az. B 1 KR 15/13 R (juris Rn. 17).
[73] BSG, 1.7.2014, Az. B 1 KR 15/13 R (juris Rn. 20).
[74] BSG, 1.7.2014, Az. B 1 KR 15/13 R (juris Rn. 19 f.).
[75] BSG, 1.7.2014, Az. B 1 KR 15/13 R (juris Rn. 21).
[76] i.R.d. Urteils vom BSG, 1.7.2014, Az. B 1 KR 15/13 R.

verwendeten Begriffe der *Geeignetheit, Erforderlichkeit und Angemessenheit* machen die drei Kernelemente des Rechtsstaatsprinzip der Verhältnismäßigkeit aus.[77] Bezugspunkt dieser Kriterien ist der verfolgte Zweck, welcher sich bei der Krankenversicherung bzw. der Krankenversorgung primär in § 1 Abs. 1 S. 1 SGB V (die „Gesundheit der Versicherten zu erhalten, wiederherzustellen oder ihren Gesundheitszustand zu bessern") widerspiegelt. Bezugspunkt des Qualitätsgebots gem. § 2 Abs. 1 S. 3 SGB V ist hingegen die diesem Zweck dienende Leistung. Im Endeffekt ist also die Qualität im Rechtssinne kein (Selbst-)Zweck, sondern betrifft die Ausführungsart, "das Wie", der Leistung. Das bedeutet konsequenterweise, dass jede Behandlungsleistung, die die Wahrscheinlichkeit erhöht, den angestrebten Erfolg zu erreichen, im Rechtssinne geeignet ist. Das muss zugleich auch für die Leistung minderer Qualität gelten, die damit jedenfalls nicht ungeeignet sein kann.[78] Fernerhin überdehnt die Formulierung, nach der eine unter Verstoß gegen Qualitätsanforderungen durchgeführten Maßnahme die Erforderlichkeit fehle, auch den allgemeinsprachlichen Wortsinn. So bleibt nämlich die Frage offen, warum einer bestimmten Qualitätsanforderungen nicht genügende, aber dennoch fachgerechte Behandlungsmaßnahme, nicht erforderlich sein soll. [79] Die vom BSG erwähnte „Erforderlichkeit" der vollstationären Krankenhausbehandlung i.S.d. § 39 Abs. 1 S. 2 SGB V dient nämlich ausschließlich der Abgrenzung der ambulanten von der stationären Behandlung.[80]

V. Leistungsgerechte Vergütung für stationäre Pflegedienstleistungen und der Bezug zum Krankenhaus

Ähnlich der Neuregelungen zur qualitätsorientierten Vergütung im Krankenhaus ist bereits i.R.d. Pflege-Qualitätssicherungs-Gesetzes (PQsG) vom 9. 9. 2001 der Abschluss von Vergütungsvereinbarungen von Qualitätssicherungsnachweisen abhängig gemacht

---

[77] *Jarass* in: GG-Kommentar, Art. 20, Rn. 80, 83 ff.
[78] *Kuhla*, Qualität der stationären Behandlung und Vergütung, NZS 2015, 565.
[79] *Kuhla*, Qualität der stationären Behandlung und Vergütung, NZS 2015, 566.
[80] *Bielitz*, Vollständiger Vergütungsausschluss für Krankenhäuser bei Nicht-Einhaltung von Qualitätsvorgaben?, NZS 2015, 608.

worden.[81] Dadurch wurde über das ökonomische Interesse der Einrichtungen, die Einführung von Systemen der Qualitätssicherung abgesichert und zugleich auch die Verbindung zum Gebot der leistungsgerechten Vergütung (§§ 82 Abs. 1 Nr. 1, 84 Abs. 2 S. 1 SGB XI) hergestellt. So machte § 80a SGB XI a.F.[82] zur Voraussetzung des Abschlusses einer Vergütungsvereinbarungen für stationäre Einrichtungen, dass ein Leistungs- und Qualitätsnachweis (LQN) i.S.d. § 113 Abs. 1 SGB XI a.F.[83] vorliegt. Gemäß § 113 Abs. 5 SGB XI a.F.[84] bestand für alle Einrichtungen ein Anspruch auf eine Vergütungsvereinbarung nur noch unter der Bedingung, einen nicht mehr als zwei Jahre alten LQN vorlegen zu können. Da zentraler Parameter zur Messung des Werts einer Dienstleistung ihre Qualitätssicherstellung ist, kann ohne Vergleichbarkeit und Transparenz ein Markt nicht funktionieren. Genauso wenig kann ein Wettbewerb über den Preis bzw. die Qualität zwischen den Einrichtungen stattfinden. Nach der höchstrichterlichen Rechtsprechung erfolgt daher für zugelassene stationäre Pflegeeinrichtungen die Ermittlung leistungsgerechter Vergütung i.S.d. § 82 Abs. 1 S. 1 Nr. 1 SGB XI durch einen Vergleich ortsnaher Heime mit ähnlichen Leistungen.[85] Ziel des externen Vergleichs ist es, einen vermeintlichen Marktpreis für Pflegedienstleistungen zu ermitteln. Kritiker dieses Konzepts verlautbaren, die Preisfindung erfolge keineswegs marktförmig, sondern stelle lediglich den „Versuch einer Marktsimulation" dar.[86] Die Kartellierung der Pflegekassen beim Abschluss der einrichtungsindividuellen Vergütungsvereinbarung führe zu einem erheblichen Kräfteungleichgewicht.[87] Durch die Ergänzung

---

[81] hierzu *Bieback*, Keine Vergütungsvereinbarungen in der Pflege mehr? - Probleme der Qualitätssicherung im SGB XI, NZS 2004, 340.
[82] § 80a SGB XI – aufgehoben durch das Gesetz zur strukturellen Weiterentwicklung der Pflegeversicherung (Pflege-Weiterentwicklungsgesetz) vom 28.05.2008.
[83] § 113 Abs. 1 SGB XI in der bis zum 01.07.2008 geltenden Fassung - gestrichen und grundlegend geändert durch Pflege-Weiterentwicklungsgesetz.
[84] § 113 Abs. 5 SGB XI – ersatzlos gestrichen durch Pflege-Weiterentwicklungsgesetz.
[85] BSGE 87, 199, 204; BSG, 29.01.2009, Az. B 3 P 7/08 R.
[86] *Mayer*, Der externe Vergleich – Mittel der Wahl zur Vergütungsfindung in der vollstationären Pflege?, NZS. 2008, 639 ff.
[87] vgl. *Mayer*, Der externe Vergleich – Mittel der Wahl zur Vergütungsfindung in der vollstationären Pflege?, NZS 2008, 646.

des S. 7[88] in § 84 Abs. 2 SGB XI wird diesen Einwänden Rechnung getragen. Bei der Bemessung der Pflegesätze einer Pflegeeinrichtung können die Pflegesätze derjenigen Pflegeeinrichtungen, die nach Art und Größe sowie hinsichtlich der in Absatz 5 genannten Leistungs- und Qualitätsmerkmale gleichartig sind, angemessen berücksichtigt werden. Die Regelung des § 84 Abs. 2 S. 8 SGB XI n.f. spricht ausdrücklich den vergleichenden Blick auf im Wesentlichen gleichartige andere Pflegeeinrichtungen im Rahmen der Pflegesatzbemessung an. Ausschlaggebend ist aber, dass ein solcher Vergleich nicht zwingend vorgeschrieben wird und die Form des externen Vergleichs nicht gegen den Willen einer Vertragspartei als Maßstab herangezogen werden darf, sondern nur auf gemeinsamen Wunsch hin.[89] Referenz bezüglich der Qualitätsprüfung ist schwerpunktmäßig die Ergebnisqualität gem. § 114 Abs. 2 S. 3 SGB XI. Bei ihr wird grundsätzlich auf Pflegezustand und Wirksamkeit der Pflege- und Betreuungsmaßnahmen abgestellt. Im Rahmen einer Entscheidung des BSG wird klargestellt, dass diese Qualitätsverpflichtung sich nicht erst durch die Transparenzberichterstattung aktualisiere, sondern vielmehr Voraussetzung dafür sei, als Pflegeeinrichtung an der Versorgung von Pflegebedürftigen überhaupt beteiligt zu sein.[90] Bei allem berechtigten Selbstverständnis gegenüber dieser höchstrichterlichen Auffassung und dem im § 114 SGB XI zu Grunde gelegten Qualitätsprüfungsverfahren stellt sich indes die Frage, welches weniger einschneidende Konzept stattdessen bei der Ermittlung der leistungsgerechten Vergütung Verwendung finden könnte. Ein marktorientierter oder frei verhandelbarer Preis wird es jedenfalls schon deshalb nicht sein können, weil Wirtschaftlichkeitsüberprüfungen gem. § 79 SGB XI gesetzlich vorgesehen sind und regelmäßig ein „administrierter Preis" anzunehmen sein wird.[91] Gleiches gilt im Übrigen für den Krankenhausmarkt, welcher ausgehend von § 12 Abs. 1 S. 1 Hs. 1 SGB V ebenso Wirtschaftlichkeitsüberprüfungen unterworfen ist. Des Weiteren spielt die Gestaltungs-

---

[88] ursprüngliche Ergänzung von S. 7 durch das Pflege-Weiterentwicklungsgesetz vom 28.05.2008 – (S. 8 in der ab 01.01.2015 geltenden Fassung).
[89] *Hänlein*, Preisfindung durch „externen Vergleich" - aktuelle Rechtsprechung zur Vergütung stationärer Pflegeleistungen, Sozialrecht aktuell 2008, 103.
[90] BSG, 16.05.2013, Az. B 3 P 5/12 R (juris Rn. 12).
[91] ähnlich *Hense* in: Regulierungsrecht, § 16, Rn. 110.

möglichkeit der „öffentlichen Hand" aufgrund der Krankenhausfinanzierungsteilhabe, sprich der in § 4 KHG aufgeführte Grundsatz der dualistischen Finanzierung, eine nicht zu unterschätzende Rolle, weil sich die gegenwärtige Rechtslage bzgl. der öffentlichen Förderung des Krankenhausbereichs als verfassungsrechtlicher 'Legitimationsanker' für den Eingriff in die freie Berufsausübung der Krankenhausplanung erweist.

VI. Ergebnisorientierte Vergütung im zahnärztlichen Bereich aufgrund von Garantiehaftung

Auch im zahnärztlichen Regulierungssektor des SGB V ist bereits seit langem eine Art ergebnisorientierte Vergütung in Bezug auf Füllungen und Zahnersatz etabliert worden.[92]

Zwar wurde nicht die direkte Verknüpfung von Qualität und Vergütung hergestellt, sondern "nur" die werkvertragliche Annäherung durch Schaffung einer leistungsspezifischen Haltbarkeitsgarantie gem. § 136a Abs. 4 SGB V. Die Regulierungsintensität ist hierbei wohl geringer einzuschätzen als die vergütungsrechtliche Neugestaltung im Krankenhausbereich aufgrund des KHSG. Nichtsdestotrotz kommt dem gleichwohl eine erhebliche Steuerungswirkung zu, wie § 136a Abs. 4 S. 3 und 4 SGB V verdeutlicht.: „Der Zahnarzt übernimmt für Füllungen und die Versorgung mit Zahnersatz eine zweijährige Gewähr. Identische und Teilwiederholungen von Füllungen sowie die Erneuerung und Wiederherstellung von Zahnersatz einschließlich Zahnkronen sind in diesem Zeitraum vom Zahnarzt kostenfrei vorzunehmen". Diese Vorschriften implizieren eine verschuldensunabhängige zweijährige Garantiehaftung,[93] die vornehmlich im öffentlich-rechtlichen Vergütungsverhältnis zwischen Vertragszahnarzt und kassenzahnärztlicher Vereinigung (KZV) bzw. den Krankenkassen Wirkung entfalten. Privatrechtliche Parallelen zu dieser öffentlich-rechtlichen Garantiehaftung lassen sich auch nicht im Werkvertragsrecht der §§ 631 ff. BGB finden. Allenfalls im Verbrauchsgüterkauf, aufgrund der Beweislastumkehrregelung des § 476 BGB („welche neuerdings auch als „De-facto-Haltbarkeits-

---

[92] siehe Gesetzesbegründung zum Gesundheitsstrukturgesetz vom 21.12.1992 – BT-Drs. 12/3608, S. 107 (§ 135 SGB V).
[93] *Spickhoff* in: Medizinrecht, SGB V, § 137, Rn. 21.

garantie" bezeichnet wird)[94] ist eine gewisse Ähnlichkeit zur Ausgestaltung von § 136a Abs. 4 S. 3 und 4 SGB V zu erkennen. Denn beide Regelungen schaffen für den Unternehmer i.S.d. § 474 Abs. 1 BGB bzw. den Vertragszahnarzt eine 'temporäre Einstandsverpflichtung' für Geleistetes. Dies ist aber gerade in Fällen problematisch, in denen der Vertragszahnarzt nicht mit der bloßen Anfertigung eines Zahnersatzes nach einem vorgegebenen Abdruck beauftragt ist (etwa wie der Zahntechniker), sondern mit der individuellen Herstellung und Anpassung einer Prothese betraut wurde. Eine solche Leistung ist nämlich „nur bedingt objektivierbar und deshalb dienstvertraglich einzuordnen".[95] Da das Dienstvertragsrecht, anders als das Werkvertragsrecht (zur Abgrenzung S. 12) eben keine Mängelhaftung kennt,[96] kann der Vergütungsanspruch bei einer unzureichenden oder pflichtwidrigen Leistung auch nicht gekürzt werden oder in Fortfall geraten.[97] Es bestehen in diesem Zusammenhang diverse Fallkonstellationen, die eine Präzisierung der Garantiehaftung bzgl. Füllungen und Zahnersatz nach § 136a Abs. 4 S. 3 und 4 SGB V erschweren. Darüber mögen auch etwaige Ausnahmeregelungen wie die seit 13.12.1993 gültige Beschlussfassung des Bundesschiedsamtes für die vertragszahnärztliche Versorgung aufgrund § 136a Abs. 4 S. 5 SGB V nicht hinweghelfen. Eindeutiger sieht es wiederum im Rechtsverhältnis des Vertragszahnarztes zum Zahntechniker aus. Dies basiert auf der grundsätzlichen Anwendbarkeit der werkvertraglichen Regelungen nach den §§ 631 ff. BGB. Konkret bedeutet dies, dass der Zahntechniker seine Verpflichtungen gegenüber dem Zahnarzt regelmäßig erst mit der Erstellung und Abnahme[98] der beauftragten, zahntechnischen Arbeit erfüllt hat. Gem. § 634a Abs. 1 BGB hat der Zahntechniker hierbei eine zweijährige Gewährleistung zu übernehmen. Im Streitfall ist innerhalb dieser Zeit seitens des Zahnarztes der Beweis zu führen, dass ein Mangel an der Versorgung bereits bei der Eingliederung beim Patienten bestand. Günstig erscheint hier zumindest, dass die zweijährige, privatrechtliche

---

[94] *Hübner*, „Beweislastumkehr beim Verbrauchsgüterkauf" - Anmerkung zum Urteil des EuGH vom 4.6.2015 – C-497/13 (Faber/Autobedrijf Hazet Ochten BV), NJW 2015, 2241.
[95] OLG Koblenz, 8.10.2014, Az. 5 U 624/14 (juris Rn. 9); in diese Richtung auch *Spickhoff* in: Medizinrecht, SGB V, § 137, Rn. 20.
[96] BGH NJW 1963, 1301; BGH NJW 1981, 1211.
[97] BGH NJW 2004, 2817.
[98] zur Abnahme der zahntechnischen Arbeit OLG Frankfurt a. M., 17.02.2005, Az. 26 U 56/04.

Gewährleistungsfrist des § 634a Abs. 1 BGB mit der Regelung des § 136a Abs. 4 S. 3 SGB V gleichläuft. Gelingt jedenfalls dem Zahnarzt die (oftmals schwierige) Beweisführung und entsprechende Mängel lassen sich auf technische Anfertigungsmängel zurückführen, so hat der Zahntechniker den Zahnersatz nachzubessern bzw. in Gänze neu anzufertigen. Für den dadurch entstehenden zahnärztlichen Behandlungsmehraufwand beim Patienten muss der Vertragszahnarzt vor den Zivilgerichten den Zahntechniker in Regress nehmen, während er selbst aufgrund von § 136a Abs. 4 S. 3 und 4 SGB V zunächst einmal Betroffener der öffentlich-rechtlichen Garantiehaftung ist. Diese Haftungsverlagerung zu Lasten des Vertragszahnarztes aufgrund § 136a Abs. 4 „führt somit die Haftung des Zahnarztes für einen bestimmten Erfolg ein".[99] Insofern kommt der Steuerungswirkung des § 136a Abs. 4 S. 3 und 4 SGB V nicht unerhebliche Bedeutung zu, die in puncto rechtlicher Diversität und genereller Justiziabilität[100], der qualitätsorientierten Vergütung im Krankenhaus gem. § 136b Abs. 1 Nr. 5 mit Abs. 9 SGB V nur geringfügig nachsteht.

VII. Fazit zur qualitätsorientierten Vergütung

Durch die Einführung der qualitätsorientierten Vergütung im Krankenhaus treten eine Reihe von Steuerungsproblemen an die Schnittstelle von Privat- und Sozialrecht hinzu.

Fraglich ist, ob die in § 136b Abs. 7 Satz 3 SGB V neu verankerte Verpflichtung der Krankenhäuser auf ihrer Internetseite ihren Qualitätsbericht zu veröffentlichen nicht gerade auch im Hinblick auf den erwähnten Grundsatz der Verhältnismäßigkeit (insbesondere der Erforderlichkeit) ein ebenso geeignetes, gleichwohl milderes Mittel[101] zur Qualitätssicherung darstellt, als die qualitätsorientierte Vergütung im Allgemeinen. Ähnlich der bereits seit langem im SGB XI getroffenen Regelungen bzgl. der Qualitätssicherung in Pflegeeinrichtungen (etwa § 115 SGB XI zu den Ergebnissen der

---

[99] *Spickhoff* in: Medizinrecht, SGB V, § 137, Rn. 20.
[100] (gemeint sind hier Beweisführungsschwierigkeiten im zahnärztlichen Bereich und die verkomplizierte, rechtssichere Qualitätsmessung im Krankenhaus.)
[101] im Allgemeinen zu anderen, gleich wirksamen, aber weniger einschränkenden Mittel siehe *Jarass* in: GG-Kommentar, Art. 20, Rn. 85 m.w.N. zur Rspr. des BVerfG.

Qualitätsprüfungen), könnte ebenso dem mündigen Bürger die Möglichkeit überlassen bleiben, Krankenhäuser anhand von Qualitätsberichten zu vergleichen. Damit wäre der Krankenhausmarkt selbst, durch den Patienten als Nachfrager, der entscheidende Qualitätssteuerungsmechanismus. Eine qualitätsorientierte Vergütung zur Qualitätssicherung im Krankenhaus wäre somit nicht neuerliche conditio-sine-qua-non des Gesetzgebers. Falls solche, dem Pflegebereich (noch) genügende Qualitätssicherungsmaßnahmen im Krankenhaussektor nicht ausreichten, wäre es nur konsequent und aufgrund der staatlichen (Qualitäts-)„Sicherstellungsverantwortung"[102] auch geboten, weitere Maßnahmen zu ergreifen. Krankenhäusern, die i.R.d. Patientenbehandlung nachweisbare, dauerhafte und erhebliche Qualitätsdefizite aufweisen, sollte etwa mit den in § 8 Abs. 1a bis Abs. 1c KHG geregelten krankenhausplanerischen Konsequenzen begegnet werden. Dazu gehört als Ultima Ratio auch das Verbot zur Aufnahme in den Krankenhausplan. Zugleich kann, aufgrund des Ökonomisierungstrends der Versorgungsstrukturen, „dem Krankenhaus der Patient zum Risiko werden", welches nur durch ein entsprechendes „Qualitäts-, Prozess- und soziales Patientenmanagement" aufgefangen werden kann. Allerdings stünde hierbei die unabweisbare Besinnung auf die verfassungsfesten humansozialen Grundlagen entgegen.[103] Hinsichtlich einer konkreten Ausgestaltung der qualitätsorientierten Vergütung (durch den G-BA) genügt der Gesetzgeber jedenfalls den verfassungsrechtlichen Anforderungen, wenn er selbst die Situation beobachtet und bei Bedarf auf Defizite reagiert sowie einen Prozess etabliert, der die Ausbildung eines angemessenen Bewertungsverfahrens verspricht.[104] So hat auch das BSG klargestellt, dass jedenfalls für eine Übergangszeit Mängel bei der Umsetzung hinzunehmen sind, die bei der Einrichtung eines (neuen) Prüfverfahrens immanent sind, solange die jeweils in Frage stehende Bewertung nicht auf unzutreffenden Grundlagen

---

[102] zur staatlichen Gewähr-/Sicherstellungsverantwortung im Gesundheitssektor ausführlich *Wallrabenstein*, Versicherung im Sozialstaat, S. 407; siehe auch *Fehling* in: Die Zukunft des öffentlichen Sektors, S. 91 ff., 97 ff.
[103] *Pitschas*, Fallpauschalen im Krankenhaus - Rechtsfragen leistungsbezogener Krankenhausentgelte, NZS 2003, 346.
[104] zur Beobachtungspflicht des Gesetzgebers etwa BVerfGE 110, 141, 169 m.w.N.; zu den materiellen Anforderungen an staatlich veranlasstes Informationshandeln vgl. BVerfGE 105, 252, 273.

beruht und mindestens insgesamt als vertretbar anzusehen ist.[105] Abgesehen von diesem weitauslegbaren Standpunkt des (noch) Vertretbarem, empfiehlt sich zumindest keine gänzlich apodiktische Betrachtungsweise des neuen Vergütungsmodells. Denn sofern sich der Gesetzgeber nicht treuherzig vor rechtlichen Negativauswirkungen der qualitätsorientierten Vergütung verschließt, mag sich kurz oder lang die Erkenntnis *Franz Knieps* durchsetzen.:

„Wer das System (der sozialen Krankenversicherung) erhalten will, der muss zum permanenten Wandel bereit sein."[106]

---

[105] in Bezug auf etwaige gesetzgeberische Defizite i.R.d. Einführung der Pflegetransparenzberichterstattung BSG, 16.05.2013, Az. B 3 P 5/12 R (juris Rn. 19).
[106] *Knieps*, Die gesetzliche Krankenversicherung im Spannungsfeld, SGb 07.2015, 377.

Bibliographie

Arnold, Michael / Klauber, Jürgen / Schellschmidt, Henner:

Krankenhaus-Report 2002: Schwerpunkt: Krankenhaus im Wettbewerb, Stuttgart 2003.

(zit.: *Bearbeiter* in: KH-Report 2002)

Becker, Ulrich / Kingreen, Thorsten:

SGB V Kommentar, 4. Aufl., München 2014.

(zit.: *Bearbeiter* in: SGB V Kommentar)

Bergmann, Otto / Pauge, Burkhard / Steinmeyer, Heinz-Dietrich:

Gesamtes Medizinrecht, 2. Aufl., Baden-Baden 2014.

(zit.: *Bearbeiter* in: Gesamtes Medizinrecht)

Bruckenberger, Ernst / Klaue, Siegfried / Schwintowski, Hans-Peter:

Krankenhausmärkte zwischen Regulierung und Wettbewerb, Berlin / Heidelberg 2006.

(zit.: *Bearbeiter* in: Krankenhausmärkte)

Bieback, K.-J.:

Keine Vergütungsvereinbarungen in der Pflege mehr? - Probleme der Qualitätssicherung im SGB XI, NZS 2004, 337-345.

Bielitz, Andrea:

Vollständiger Vergütungsausschluss für Krankenhäuser bei Nicht-Einhaltung von Qualitätsvorgaben?, NZS 2015, 606-609.

Fehling, Michael / Ruffert, Matthias:

Regulierungsrecht, Tübingen 2010.

(*Bearbeiter* in: Regulierungsrecht)

Hänlein, Andreas / Kruse, Jürgen / Schuler, Rolf:

SGB V Lehr- und Praxiskommentar, 4. Aufl., Baden-Baden 2012.

(zit.: *Bearbeiter* in: LPK-SGB V)

Hänlein, Andreas:

Preisfindung durch „externen Vergleich" - aktuelle Rechtsprechung zur Vergütung stationärer Pflegeleistungen, Sozialrecht aktuell 2008, 100-103.

Hellemann, Joachim:

Die Sicherung und Weiterentwicklung der Qualität in der stationären Versorgung, Berlin 2006.

(zit.: *Hellemann*, Qualität in der stationären Versorgung)

Hill, Hermann:

Die Zukunft des öffentlichen Sektors, Baden-Baden 2006.

(zit.: *Bearbeiter* in: Die Zukunft des öffentlichen Sektors)

Huster, Stefan / Kaltenborn, Markus:

Krankenhausrecht, München 2010.

(zit.: *Bearbeiter* in: Krankenhausrecht)

Hübner, Leonhard:

„Beweislastumkehr beim Verbrauchsgüterkauf" - Anmerkung zum Urteil des EuGH vom 4.6.2015 – C-497/13 (Faber/Autobedrijf Hazet Ochten BV), NJW 2015, 2241.

Jarass, Hans / Pieroth, Bodo:

Grundgesetz Kommentar, 13. Aufl., München 2014.

(zit.: *Bearbeiter* in: GG-Kommentar)

Katzenmeier, Christian:

Der Behandlungsvertrag – Neuer Vertragstypus im BGB, NJW 2013, 817-824.

Klauber, Jürgen / Robra, Bernt-Peter / Schellschmidt, Henner:

Krankenhaus-Report 2007. Krankenhausvergütung - Ende der Konvergenzphase?, Stuttgart 2008.

(zit.: *Bearbeiter* in: KH-Report 2007)

Knieps, Franz:

Die gesetzliche Krankenversicherung im Spannungsfeld, SGb 07.2015, 374-377.

Kuhla, Wolfgang:

Qualität der stationären Behandlung und Vergütung, NZS 2015, 561-569.

Lenz, Gisela:

Zur Rechtsnatur der Rechtsbeziehungen zwischen Krankenhäusern und gesetzlichen Krankenkassen, NJW 1985, 649-654.

Lüngen, Markus / Lauterbach, Karl:

Ergebnisorientierte Vergütung bei DRG: Qualitätssicherung bei pauschalierter stationärer Krankenhausleistungen, Berlin u.a. 2002.

(zit.: *Lüngen/Lauterbach*, Ergebnisorientierte Vergütung bei DRG)

Mayer, Bernhard:

Der externe Vergleich – Mittel der Wahl zur Vergütungsfindung in der vollstationären Pflege?, NZS 2008, 639-647.

Musil, Andreas:

Wettbewerb in der staatlichen Verwaltung, Tübingen 2005.

Pitschas, Rainer:

Fallpauschalen im Krankenhaus - Rechtsfragen leistungsbezogener Krankenhausentgelte, NZS 2003, 341-346.

Quaas, Michael:

Aktuelle Fragen des Krankenhausrechts, MedR 2002, 273-279.

Rajaram, Ravi et al.:

Hospital Characteristics Associated With Penalties in the Centers for Medicare & Medicaid Services Hospital-Acquired Condition Reduction Program, JAMA. 2015; 314(4): 375-383.

Sell, Stefan:

DRG-Finanzierung und Krankenhausbedarfsplanung, Zeitschrift für Sozialreform (ZSR) Jahrgang 48, 164-188.

Schönig, Annette:

Öffentlich-rechtliche Instrumente der Qualitätssicherung im stationären Sektor, Baden-Baden 2008.

(zit.: *Schönig*, Instrumente der Qualitätssicherung)

Spickhoff, Andreas:

Medizinrecht, 2. Aufl., München 2014.

(zit.: *Bearbeiter* in: Medizinrecht)

Wallrabenstein, Astrid:

Versicherung im Sozialstaat, Tübingen 2009.